LE
SECOND TOME
DV
CONCERT
DES ENFANS
DE BACCHVS.

Augmentées nouuellement au premier volume.

A PARIS,

Chez CHARLES HVLPEAV, demeurant
sur le Pont S. Michel à l'Ancre Double;
tenant sa Boutique dans la grand'Salle
du Palais contre le Parquet, 1628.
AVEC PRIVILEGE DV ROY.

LE LIBRAIRE, AVX
enfans de Bacchus.

CHERS Compagnons, par l'estime que vous auez faict de mes Chansons à Boire, i'ay recogneu la grāde deuotion que vous auez enuers nostre bon pere, & le seruice que vous luy rendés vous estre si agreable, que vous ne vous lassez point de luy en rendre des tesmoignages : C'est ce que de bons enfans doiuent faire, aussi sçaura il bien recompenser ceux qui le seruiront auec plus d'ardeur. Pour moy qui ne suis qu'vn de ses moindres, ie suis tellement desireux de l'augmentation de sa gloire, que pour son honneur & le bien de ses sujects, ie souhaitte auec passion vne Metamorphose generalle de tous mes liures, en autant de tonneaux du meilleur vin de Beaune, alors il ne vous sera non plus espargné que l'eau qui passe soubs le Pont où ie suis demeurant. En attendant, prenez de mesme affection la continuation de mes vœux, auec ce

4

petit recueil qui n'eſt pas moindre que
le premier, dans lequel chacun trouuera
dequoy ſe contenter. Ie vous coniure
d'en faire eſtat, comme d'vn antidote
fort ſouuerain à toute ſorte de meſlan-
cholie, puis qu'il vous fera autant de
bien, que le Succre de Pointeau a faiĉt
de mal à beaucoup de gens. Cette liqueur qui eſt tant vantée, & dont vous
n'ignorez la vertu priſe auec ſes me-
ſures, & dans la cadence de ſes Airs,
vous donnera plus de ſanté que vous
ne ſçauriez eſperer par tous les reme-
des extraordinaires. Celuy-cy eſtant
naturel & ſans beaucoup de frais, ſe
trouuera touſiours au logis de

*Voſtre tres-humble & tres-af-
fectionné ſeruiteur.*

C. HVLPEAV.

A Paris ce   iour
de   1628.

Chanson I.

Ve la finesse d'Angleterre
Preigne ou batte l'Isle de Ré
Iamais d'eau ie n'aroseray,
Le vin qui sera dans mon verre,
Ie hay cest Element mutin
Et le fûi mesme dans le vin.
Chantons pour charmer les oreilles
Et faire croire à tous passans
Que l'eau n'a d'apas rauissant,
Que pour rafraichir nos boutailles
Ie hay &c.
Lors que ie boy à tasse pleine
Ie croy pour charmer mon soucy
Qu'vn verre de vin d'irancy,
Vaut mieux que toute l'eau de Sene,
Ie hay &c.
Perdez compagnons ma memoire
Et me tenez pour vn Lutin
Ou le diable de saint Martin,
Vn iour s'il m'arriuoit d'en boire,
Ie hay, &c.
Allors que la mort rauissant
M'aura mis dans le Paradis
Ie ne veux pour deprofondis,
Sinon que tout le monde chante,
Ie hay cest Element mutin

Et le fuy mesme dans le vin.

Chanson 2.

Que la tauerne est aymable
Que cest vn doux entretien
D'estre incessament à table
Et ne s'enquester de rien
N'aimer rien que la boutaille
Grosse pleine & bien vermeille,
　　N'aymer rien que les esprits
　　Qui du bon vin sont espris.
Ie ne suis, rien qu'vn iurongne
Quoy qu'on m'estime baiseur
Ie quitte cette besongne,
Pour vn repas du meilleur
　　Ie n'ayme que la bouteille &c.
Que i'adore ce breuuage
Qui m'en-iure si souuent
Ie le prefere au visage
Qui change comme le vent,
　　Ie n'aime &c.
Suiuez compagnons mes charmes
Dedans ce lieu à l'ecart
Et beuuons iusques aux l'armes,
Laisons les danner à part,
　　N'aymons rien qu'vne boutaille.

Chanson 3.

BON vespre aux autres vertus
Amy ne voit tu pas
La vraye vertu d'icy bas
Sus biberons enyurons nos cœurs
De cet' liqueurs,
Et banissons entre nous, toutes rēcœurs.

Mon verre que vous voyez
Plain de ce vin vermeil
Est plus beau que le soleil,
Sus biberons

Sy ce drolle qui me suit
Soudain ne me fait raison
Ie le tiens pour vn oyson,
Sus biberons &c.

Chanson 4.

SOuz le drapeau d'vn cabaret
Bordè de blanc & de clairet,
Bacchus faisant la cane
Destend par vn din din
Drelin drelin din din
De battre la Dianne,

Que sur vn muid de vin.
Pour iustice & pour molinier
Ils ne vallent pas vn denier,
Sy dans la cromaticque
Din din drelin din din
Leur gorge ne pratique,

Le ſon d'vn pot de vin,
Ie ne vais iamais aux combats
Que parmy les pots & les plats,
Sy l'ennemy m'aproche
Din din derelin din din
Contre luy ie decoche,
Vn grand verre de vin.

Vn ieune amoureux ne boit pas
S'il n'eſt à l'heure du repas,
De peur que ſa maitreſſe
Din din derelin din din,
En luy faiſant careſſe,
Ne ſentit trop le vin.

Chanſon 5.

TV es enreumé compere
Ce mal ta pris tout à coup   bis.
As tu point hué le loup
Ou fait par trop bonne chere,
Ce mal ne durera gueres
Si tu bois encore vn coup.
Parle moy de la Rochelle
At-on bouché ſon canal   bis.
Et cette ville rebelle,
Ses affaires baſtes mal
Perdra le nom de pucelle
Par l'eſprit de L'admiral,
Ma foy le Roy d'Angleterre
A raiſon fait le mutin   bis.

Ce bon Prince ayme le bon vin,
Et fait gloire de conquerre
        Quelque petit coin de terre
        Qui produise du raisin.
Pour moy franchement i'aduoüe
Que ie fais bien plus d'estat   bis.
De deux perdrix dans vn plat,
Dont mon appetit se ioüe,
        Que des armes de Mantoüe
        Qu'on leue pour Mont-ferrat.

Chanson 6.

QVe la bouteille à de charmes
Que l'amour en est diuin
Car s'il fait verser des l'armes
Ce sont des l'armes de vin,
        Et s'il donne des alarmes
        Le verre est son tabourin.
Qui vit dessous son Empire
Il ne danse qu'aux banquets
Les loüanges qu'il sçait dire
Sont du vin, verse laquais,
        Et il sanglotte & souspire,
        Sont des rots & des hoquetz.
Qui cherit vne pucelle
Il encourt maints accidens
Souuent la beauté recelle,
Des courages imprudens,

Mais ſi la boutaille eſt belle,
Elle eſt bonne par dedans.
Ie ſens quant elle eſt preſente
Les rauiſſemens des cieux
L'humeur qui la rend peſante,
A des charmes pour les Dieux,
Car leur nectar que l'on vante,
N'eſt point ſi delicieux.
Sus donc, à cette pianche
Ne ſoyons point pareſſeux,
Ie vous vay faire la planche
L'amy ceſt à toy de deux,
C'eſt vne eſtocade franche,
Pare la bien ſi tu veux.

Chanſon 7.

Pour moy i'abhore la guerre
Ie deteſte les combats
Si ce n'eſt à coups de verre
Au bruit des pots & des plats,
Sus ſus verre plain
Verſe verſe qu'on s'enyure,
C'eſt mourir pour mieux reuiure
Que de mourir par le vin.
Qui ſur l'onde mariniere
Bouquinquant meine l'Anglois
Tandis qu'ils boiront la biere,
Nous boirons le vin d'Arbois.

Sus sus　&c.

Qu'il soit plain de renommée
Ou de honte c'est tout vn
Qu'il s'en yure de fumée
De salpestre & de petum,
　　Sus sus　&c.

Que nos guerriers les braues
Passent dans l'Isle de Ré,
Ie ne bougeray des caues
Ou ie veux estre enterré,
　　Sus sus.　&c.

Que la Rochelle inuestie
Soit prise ou ne le soit pas
Nous mangerons la Rostie,
Trempée dans l'hipocras,
　　Sus sus.　&c.

Si le Franc à tasse pleine
Eut practiqué ma leçon
L'on ne seroit pas en peine
De composer sa rançon,
　　Sus sus &c.

Si l'on l'eust pris dans l'armée
Que conduit François Paulmier
Sa prison la mieux fermée
Seroit l'Hostel de Carmier,
　　Sus sus,　&c.

Puis que Gaston plein de gloire
Nous annonce à son retour

Que nous auons la victoire,
Viue Bacchus & l'amour
Sus sus &c.
Verse verse qu'on s'en yure
C'est mourir pour mieux viure
Que de mourir par le vin.

Chanson 8.

A Vjourdhuy parmy les allarmes
On ne sçait à qui se fier
Il vaut bien mieux sur son foyer,
Prendre du vin au lieu des armes.

Esloigné des pleurs & des plaintes
Mesmes au milieu du repos
Les fureurs cederont au pots,
Et la melancolie aux pintes.

Beuueurs qui par vn long vsage
Apprenez à marquer l'effroy
Beuuons à la santé du Roy,
Qui fait trembler le voisinage.

Chanson 9.

R Emy Remy mon cher amy
Ne sois point endormy
Faut s'en yurer ceste nuit,
Prens tes chauses & quitte ton bonnet
Et t'en viens tout droit au cabaret.
Du vin du vin, car il est iour

La soif est de retour
Et Bacchus chasse l'amour,
Un Cesar est moins qu'vn argoulet
S'il ne sçait vuider le gobelet,
	Donons donons sur ce jambon
Ce fromage n'est pas bon,
Mais auant qu'il soit le bout de l'an
Nous yrons boire dans Montauban.
	Orsus, orsus hastons le pas
Le muscat ne veut pas,
Qu'on le boiue par compas,
Qu'il est bon soyons tous resiouïs,
Et chantons tousiours viue Louys.

Chanson 10.

Set assé Peraulay erauson lay gerbei-
	re bis.
Y sen tou enremay, si ne beuon compaire
Morbey qui sen contan
Quan iy ausse lou tan.
	E se gran perau lou bis.
Qui fon si gran loucance,
En depi de lou dan,
I lou feron le gence,
Morbey   &c.
	Ecrason ce borjon bis.
Dedans ene gondaule
Peu, apres cau è cau,

Laſſon y lay peraule
Morbey &c.
　Y ne veu eſtre Roa
Prince ne conetaule,
Y ne veu commanday,
Se ce naſt ay lay taule,
Morbey qui ſeu contan
Quan iy auſſe lou tan.

Chanſon 15.

L Autre iour ie cheminoie
　Mon chemin deuers Bordeaux
Rencontray Bergeronnette
qui aloit querir de l'eau,
　　A re la berre mairon
　　Si a des pots à moigno,
Rencontray　　　bis.
Ie luy demanday bergere
Veut tu logé mon moigno,
　　A re la berre mairon.
Ie luy demanday　　　bis,
Ouy dea monſieur ſe dit-elle
Sy a le plumage beau,
　　A re la berre mairon　bis.
Ouy dea　　　bis.
Y a la teſte bien faite
Et à le rouge murean,
　　A re la berre mairon　　　bis.

Y a la teste   bis.
Y plore aussi tendrement
Que faict l'enfent du berceau,
    A re la berre mairon   bis.
Y plore aussi   bis.
Y chante aussi doucement
Que feroit vn Rossignol,
    A re la berre mairon.

Chanson 16.

QVe sert-il de philosopher   bis.
    Afin d'aprendre à triompher
Des soins de l'inquietude,
Pour mettre l'esprit en repos   bis.
Aplicquons toute nostre estude,
A vuider iour & nuict les pots,
    Que l'amoureuse passion   bis.
L'auarice & l'ambition
N'entrent point en nostre memoire,
Mais que les plaisirs innocens   bis.
Que l'on gouste à rire & à boire
Sans cesse chatouillent nos sens.
    Rions de ces foux amoureux   bis
Qui sont dix ans langoureux
Souffrans les mespris d'une sotte
Fi de l'amour, viue le pot,   bis.
Mesprisons la plus belle motte
Pour Idolastrer vn bon mot,
    Mocquons nous de ces courtisans bis

Qui passent la fleur de leurs ans,
Repeus d'vne esperance vaine,
Fuyons cette captiuité
Et perdons en beuuant l'haleine
Mais non pas nostre liberté.

Chanson 17

CA qu'on me verse du vin,
A la sanctè de Marguerin,
Ie ne croy pas
Qu'il ne me plege en ce repas,
Il se pasme aux merueilles,
Que ce plaisir,
Faict trouuer aux bouteilles
Pleines d'vn vin à son desir.

Recommencé mon amy,
Tu ne m'en verses qu'à demy,
Cognoy tu point
Quel est le moule du pourpoint,
Voy si i'ay bonne grace
Durant soupper,
De faire ceste masse
Ie la porte à qui veult taulper.

Tousiours vn bon cerueau,
Trouue fade le goust de l'eau,
Mais le bon vin
Nous rend l'esprit bien plus diuin,
Qui faict que ie n'aspire

Pour

Pour mon repos,
Qu'à trouuer vn Empire,
De vin, des verres & des pots.
    C'est vn bon medecin
Que le pere Silene,
Il ordonne du vin,
Dont ceste tasse pleine,
Pour querir du chagrin
Et chasser la migraine.
    Que le Ciel irrité
Tempeste, esclaire, ou tonne,
Ie suis en seureté
A l'ombre d'vne tonne,
I'y bois à m'a santé
Quand ie ne voy personne.
    La fortune d'vn grand
Ne se doit pas suiure,
Vn ioyeux bon-au banc
Monstre bien mieux à viure,
Il boit à tous de rang
Et iamais ne senyure.
    Signalee sa valeur
Au front de quelque armée,
Cerchant dans le mal-heur
Vn peu de renommée,
Le petum est meilleur,
On vit de la fumée.

Sur vne Courante.   17.

POurquoy faiſt on la ſourde oreille,
Quandie demande vne bouteille
Qui ſoit pleine d'vn vin delicat,
Sus prend ton verre & boy,
I'eſtime pour vn fat,
Qui n'en voudra faire autant cõme moy
  Que chacun vienne rendre hommage,
A ce talon de vieux formage
Qui fait honte aux plus frians iambons,
Caualliers ſans ſoucy,
Puis queles vins ſont bons
Vidons tour à tour ce grand verre icy.
   En faueur de la bonne chere,
Ie mets ce bouchon à l'enchere
De deux coups pour la ſanſté du Roy,
Aux armes quand & quand,
Combatans comme moy
Flux pour la Rochelle & pour Bou-
  quinkand.

Allemande 18.

SVs compagnons grand chere,
Eſteignons en ce feſtin,
L'ardeur de la cholere
Dece bon vin,
Toute ma gloire,

N'eſt que de boire,
Depuis le ſoir iuſqu'au matin.
  Ie ne ſaurois plus viure
Qu'entre le verre & le pot,
L'homme qui ne ſenyure
Vit comme vn ſot :
Toute ma gloire n'eſt que de boire,
Et humer de ce bon piot.
  Que L'eſpagnol deſire,
L'vniuers pour eſtre ſien,
Il n'aura point d'empire
Egal au mien ;
Toute ma gloire,
N'eſt que de boire
Et ne prendre ſoucy de rien.

Autre.

Il eſt bon bon bon, il eſt bon à boire,
Le vin de ce verre, pourquoy n'en
    boit-on ?
Que les Roberges d'Angleterre,
Puiſſent donner du nez en terre,
Deuant le fort de ſainct Martin,
Ce ſeroit des choſes eſtranges,
Que l'Anglois troublaſt nos vendanges,
Conquiſt noſtre Iſle & but ſon vin,
    Il eſt bon bon bon, &c.
Les François ſont des gens plus dignes

De cultiuer le clos des vignes,
Que l'Anglois peuple trop mutin,
Dieu nous en promet la victoire,
Et moy ie vous promets de boire,
Tant qu'on verfera de ce vin,
　　Il eft bon bon bon, &c.
Ie fuis bien ayfe quand ie treuue
Vn bon yurogne faire efpreuue
Du ius qu'il faut en vn feftin,
Et qu'au fortir de la bouteille
Il me parle auec vne oreille
De l'excellence qu'à le vin,
　　Il eft bon, bon, bon, il eft bon à boire,
　　Le vin de ce verre, pourquoy le boit-
on.　　　　　　bis.

Sarabande morefque. 18.

CEruelas & fauciffes,
　Formages & iambons;　　　　　bis.
Ie peux bien fans vos artifices
Faire voire cõme les vins font bons. bis.
　Ie tiens à plus de gloire,
Que mes yeux nuict & iour,
Pleurent à force de trop boire,
Que s'ils verfoient des larmes d'amour.
　O bouteille charmante
Vuidant ton fuft remply,
Du vin de Triel ou de Mante.

Tu noyes mes ennuits dans l'oubly.
  Que les vins de Gascogne
Coulent à ceste fois,
I'ay preferé à ceux de Bourgongne
Les vins & les courages François.

Chanson 19.

A Riere les pleurs & les plaintes
  Parlons des pots, parlons des
    peintes,
Grands & petits menus & gros
Parlons des peintes & des brots
Et ne faisons iamais la guerre,
Qu'auec la bouteille & le verre.
  qui veut auoir vn beau visage
S'il prend du fart il n'est pas sage,
Le plus grand embellissement
Vient du fruict qui pend au serment
Et tousiours les meillieurs mines
Se font aux caues & cuisines.
  Toutes les fois que ie sommeille
I'ay sous ma teste vne bouteille,
Qui me sert au lieu d'orillier,
Et si ie viens à mesueiller
Ie carillonne les matines
Auec des pots & des chopines.
  Lors que ie sens le vent bor &c
Et son hallaine enfroidurée,

Ie palis & transis d'effroy
Non pas que ie craigne pour moy
Ie crains pour la diuine plante,
Que de tous soucy nous exempte.

Chanson 20.

QVand ie me reueille au matin
    La bouteille à la main
Et de l'autre le ceruelas
Helas ie n'en suis iamais las   bis.
    Le lapin de garenne est bon.
Et aussi le iambon
La perdrix vaut encore mieux
    eureux qui la mange ioyeux.   bis.
PoT outes les viandes ne sont pas
Sur faire vn bon repas,
    il n'y a de ceste licqueur
Licqueur qui ressouyt le cœur   bis.
    T andis que le temps nous auons
Rions, chantons, dansons,
Sans craindre que ce vin nouueau
Si beau, nous trouble le cerueau   bis.

Chanson. 21.

PEut-on trouuer vn Medecin
    Au siecle peruers où nous sommes,
Qui puisse dire que le vin,
Soit contre la santé des hommes

S'il s'en trouue quelqu'vn
Qui ayt le mal de ratte
Ie tiens ie tiens pour hipocratte,
Qui dit, qui dit, quel fault à chasque
   mois,
    Au moins s'enyurer vne fois.
Aux Medecins plus entendus
Ie leur dirois que leur clisteres
Nous font aller veoir ce qu'on fait
Dedans le tombeau de nos peres,
Et ie crains que par eux
Nostre corps ne se gaste,
   Ie tiens &c.
Les Medecins les plus parfaicts
En ordonnant leurs medecines
Font les visages morfondus,
Et pourrissent nostre poictrine
Mais le vin fait le teint
De couleur d'escarlatte,
   Ie tiens &c.
Le vin peut guarir de tout mal
Pourueu qu'on le prenne à toute heure,
C'est mon piot plus cordial,
Ie le trouue bon où ie meure
Aussi sonuent le poux,
A mon flacon ie taste,
   Ie tiens, &c.

Chanfon 20.

Qve ie me plaift au Cabaret
Entre le blanc & le clairet,
Que mon ame ayme fes merueilles
Scauroit-on enuers les Dieux
Trouuant des voluptés pareilles
A celles qu'ils ont dans les Cieux.
　Fi de l'amour & du tripot
Ie n'ayme qu'vn verre & vn pot
Mon amour n'eft rien qu'a bien boire,
Ie braue tous autres combats
Et fi ie cherche de la gloire
Ce n'eft que parmy ces efbats
　Mon Dieu qu'vn repas limité
Dans l'eftroitte captiuité,
De l'auarice & du filence,
Eft importun à ma raifon
Et que ie hays la violence
Qui me retient en ma maifon.
　Ca ça, beuuons les Allemens
N'ont plus que des foibles ferments,
A l'entretient de leur loüange
Laiffons les noyer dans le fang,
Et puis que leur courage change,
Rauiffons leur le premier rang,
Ca que tous les verres remplis
Rendent nos defirs accomplis

Ca que

C'a que chacun prenne les armes,
Et que d'vn courage arresté,
Il voüe toutes ses alarmes
Contre le fort de ce pasté.

    A moy insensibles beuueurs
Si vous mesprisés ces faueurs,
Et reiettés cette ambrosie,
Puissiez vous coulpables esprits
Blasphemer dans l'hidropisie
Au repantir de vos mespris.

    Narcisse mourut dedans l'eau,
Leandre y a faict son tombeau,
Le malheur ne sort point de l'onde
Ceux qui trouuent icy la mort,
Ne voudroit retourner au monde
Que pour auoir vn mesme sort.

    Beuuons donc, & quelque dessein
Qui s'arme contre nostre sein,
Et qui menace nos années,
Qu'on nous voie vn verre à la main
Noyer la peur des destinees
Et les soucys du lendemain.

Chanson 21.

EN fans qu'il fait bon s'enniurer
De ce laict delectable
Celuy qui m'en voudra seurer
Soit bany de la table,

Et qu'il aille touſiours brulant
De la ſoif dont mourut Roland.
   Celuy qui vuidera le mieux
Cette taſſe lucide,
Sera dans le nombre des Dieux
Enrollé comme Alcide:
Mais qui ne le vuidera pas
Subira l'arreſt du treſpas.
   L'hiſtoire ne parle au iourd'huy
Que des faicts d'Alexandre,
En nous enyarant comme luy
Nous pourroit on reprendre,
C'eſt s'immortaliſer ie croy
Que d'imiter ce braue Roy.
   Celuy qui regit le deſtin
N'aſſemble point ſa troupe,
Que par la rumeur d'vn feſtin
Ou le bruit d'vne coupe,
Que chacun offre tour à tour
   Pluſtoſt à Bachus qu'à l'amour.
Imagine les loix de ſolon
Et celles de Ligurgue,
Pourueu que ie tienne vn flaçon
Du bon vin de Chaueurgue,
Ie luy donne vn aſſaut d'abord
Du plus grand verre de debord,
   Ie ne penſe point au denier
Et la mortelle barque.

Lors que le Prince ou Colonier
Me traittent en monarque,
Ie suis vn ver singentoris
Quand ie decoupe vne perdrix.

Enfans que chacun pour le moins
Aualle sa simaise,
Mes yeux qui en seront tesmoins,
Pleurent du vin & d'aise,
En voyant chacun resolu
De passer pour parfaict goulu.

L'on voit des charmes bien puissans
Dans les yeux de Renée :
Mais i'en trouue de plus puissans
Au vin de cette annee,
Puis qu'vne goutte m'en plaist mieux
Que quatre regards de ses yeux.

Ie ne veux pas ouyr d'autres
Quand ils sont à la danse,
Bien qu'elle procede dit-on
des effects de la pense,
I'ayme mieux ouyr son concert
Entre la viande & le dessert.

Chanson 22.

S'En est faict ie quitte Phillis,
Ses beaux yeux & son teint de lys,
N'ont plus d'empire sur ma vie,
Et Bacchus plus fort que l'amour

A rendu mon ame afferuie
Du plus beau fujet de fa Cour.

    C'eft pour vous bouteille de vin
Que mes pleurs & foir & matin,
Font voir le defir qui m'enflame,
Bel obiet aroufez vn peu
De voftre doux nectar mon ame
Afin de moderer fon feu.

    O mon Dieu que ie fuis content
Mes ennuis paffent à l'inftant,
Que vous entrez en ma penfee,
Et mon teint perdant fa pafleur.
Trouue en voftre liqueur verfee
L'efclat premier de fa couleur.

    Que ie vy content foubs vos loix
Car fi vous me bleffie par fois,
Ie rencontre en vous mon dictame:
Mais Philis trop fiere en amours
Me verroit pluftoft rendre l'ame
Que de me donner fecours.
C'eft donc vous que ie veux aymer
Puis que vous fçauez enflamer,
Et puis feruir de refrigere
Ie vous feray fidelle amant,
Mais ne deuenez pas legere,
Car ie prendrois le changement.

Chanson 23.

DE quoy sert l'homme sur terre
S'il ne sçait vuider le verre,
C'est vn inutile poids
Meritant que les loix
Luy denoncent la guerre,
Car qui ne boit bien
Iamais ne valust rien.

Vn iour de Melancholie
Nous porte la maladie,
Iusqu'au fonds de nostre cœur
Mais la douce liqueur
Qui sonstient nostre vie,
En toute saison
Porte sa guarison.

Celuy qui de bonne sorte
Au bon Bacchus fait escorte,
N'a-til pas l'esprit content
Sus sus beuuons d'autant.
Amy ie te le porte,
Et mets loing de moy
Tout soucy quand ie boy.

Lors que ie boy ie me pasme,
Ce nectar saisit mon ame,
D'vn rauissement si doux
Que i'en perds voix & poux,
Et cache amour sa flamme,

Iufqu'au l'endemain
Quand i'ay le verre en main.
Viue la douce vermeille
Qui fort de noftre bouteille,
Deux foulas de nos trauaux
Par toy ceffent nos maux,
O liqueur nompareille
Viens fouuent faifir
Mes fens de ce plaifir.

Chanfon 24.

Viue qui voudra les combats
Les eftudes & les finances,
L'amour, le ieu, la Cour les Dames
La chaffe & tels autres efbats,
Quand à moy qui n'y fçauroit croire
Le plaifir à la peine efgal,
Les fuyants comme vn Reagal
Ie veux paffer mon temps à boire.
Aux combats on eft en danger:
Trop d'eftude tourne es mains
Et les finances qu'on manie,
Font quelquefois bien haut loger,
Donc mefprifant vne victoire
Qui ne s'aquiert qu'auec hazard,
Laiffant corde & folie à part,
Ie veux paffer mon temps à boire.
L'amour captiue nos efprits

Le ieu dans l'hospital nous meine,
La Cour rend nostre attente vaine,
La dance apporte du mespris,
    La chasse est vne vaine gloire
    Qui nous rend cruels & brutaux,
    Donc pour éuiter tous ces maux
    Ie veux passer mon temps à boire.
Que les esprits audicieux
Faisants des chasteaux en Espagne,
Haussent montagne sur montagne
A fin d'escalader les Cieux.
    Qu'ils mettent leur nom dans l'histoire
    A l'exemple de dom qui chot,
    Tandis ostant le vin du pot,
    Ie passeray mon temps à boire.

Chanson 23.

I'ay brisé les fers de l'amour
Ie dors la nuict, ie ris le iour,
I'ay quitté deserts & Cauernes
Bois, prez, fontaines & ruisseaux,
Et plus que ie n'aymois les eaux
I'ayme le vin & les tauernes.
    Bacchus est or mon Cupidon
    Vne bouteille est son brandon,
    Les andouilles, ce sont ses fleiches
    Vne marmite est son carquois,
    Vn iambon est son arc turquois.

Et ma bouche vne de ſes breches.

    La ſolitude eſt mon tourment,
Le Cabaret mon Element,
Et pour vne face vermeille
Que i'ay tant adoré jadis,
Ie fais ore mon Paradis
Du vermillon de la bouteille.

    L'autel pour qui mes vœux ie fais
Ce ſont deux treteaux & trois ais,
Où pour mes plus chers ſacrifices
Au lieu de pleurs & de ſanglots,
I'eppends les verres & les pots
Les ceruelats & les ſauciſſe.

    Mes amis ſont tout mon bonheur,
Auec eux en ce lieu d'honneur,
Entre le fromage & la poire
Sans diſcourir du Potentat,
N y des abuz de ſon eſtat
Chacun dit ſa chanſon pour boire.

    Les femmes ne nous plaiſent pas
Si quelqu'vn en parle au repas,
C'eſt auec de la mediſance
Car quand nous auons vn peu beu
Nous prefererons vn chou cabu
Au plus beau viſage de France.

    L'vn attaquant ſon compagnon
    Luy met en teſte vn Bourguignon,
Fort & ſubtil à la bariere

Car

Car pour le renuerser dedans,
Fut-il armé iusques aux dents,
Il frappe droict en la visiere.
    Nous passons ainsi nostre temps
Puis au lict nous allons contens,
Ou des chimeriques vermeilles
Ne nous esueillent point en peur,
Car les songes de leur vapeur
Ne nous figurent que bouteilles.
    Donc quittant l'amour pour iamais
C'est vous bouteille desormais,
Que i'onore de ma loüange,
Ie veux cherir vostre bonté,
Mais gardez la legereté
Car soudain ie prendrois le change.

Chanson. 26

POur moy I'ay vne passion
    Pour les freres de iubilation,
Ils sont incessamment dans le rire & le
    boire,
Oliuier Simbole de la paix,
Tu le tiens dedans tes rais
O combien ie te donne de gloire.
    Bacchus remply d'embition
Pour les freres de la iubilation
Il veut qu'aupres de luy qu'vn chacun
    se resueille,

Oliuier prendra bien le ton,
Pour chanter le videront,
Et les freres prendront la bouteille.

Chanson 27

Iamais dedans l'histoire,
Mathieu n'a mis mon nom,
Car i'aborre le renom
    Amy pren la bouteille,
    Et m'en resueille cét endormy
    Qui n'est enyuré qu'à demy.
A quoy seruent sur table
Ces ragoux de saison,
S'ils ne sont de Venaison
    Amy, &c.
Ie veux que dans ma caue
Mes tonneaux soient remplis,
Du meilleur vin de Chablis
    Amy.

Chanson 28.

Dieu des festins protecteur de la
    treille,
Ioyeux de mon desplaisirs innocens
Pere Bacchus dont la liqueur vermeille
Endort nos soins & resueille nos sens,
    Dieu des beuueurs accorde à ma re-
    queste

Toufiours là foif & la bouteille preſte.
Ie ne veux point fouiller l'or dãs la terre
Tous mes defirs fe bornent dans le plat
Et mes treſors ſont tous dedãs mon verre,
Dont les rubis mont peint de leur eſclat,
   Dieu des beuueurs , &c.

Ie ne veux point d'vne ardeur aueuglee
Deſſus le pré cercher mon monument,
Ma paſſion n'eſt point ſi deſreiglee
Elle s'aŀreſte au bon vin ſeulement
   Dieu bes beuueurs , &c.

C'eſtoit ainſi que dans la Magdeſuine
François Paumier Roy du frãc cabaret
Chantoit vn iour beuuant à taſſe pleine
Entre deux brocs de blanc & de clairet
   Auſſi Bacchus accorde , &c.

D'aiſe les pots & les plats treſſaŀlirent
Faiſant au tour maint carillon diuers
Et les echos des caues s'entendirent,
Faire vn concert pour redire ces vers,
   Dieu des beuueurs , &c.

Chanſon 29.

Sus ſus beuuons me compagnons
Que l'on vide les flacons,
Car cetcu icy me ſemble tres bon
Ie ne m'anquiert qui ſoit vieux ou nou-
   ueau.

Tandis qu'il l'eſt emperſe verſe verſe
  verſe,
Faut que ie rĕuerſe deſſous les treteaux.
  Mon compagnon ie boy à toy
Faiſant autant que moy
Car ce ieu icy nous tire de moy;
Il ny a point apres cette liqueur
Riĕ ſi bon que ie cache cache cache cache
Ce iu qui arrache les annuicts du cœur.
  Beuuons à la ſanté du Roy
Car deſia ie le voy,
Reduire l'Anglois aux derniers abois
à l'arme à l'arme & deſſus luy donnons,
que chacun de nous mire tire tire tire
Cy ne ſe retire qu'on les coulle à fons.
  Nous auons l'ennemÿ vincu
Et du tout conuincu,
Chacun peut bien voir comme il eſt ſur
  le cu,
Il eſt defaict il eſt du tout à bas,
Nous auons la victoire à boire à boire à
  boire
Pour le Roy la gloire de tous nos com-
  bats.

FIN

TABLE DV SECOND
Tome du Concert des en-
fans de Bacchus.

FIN.